Impressum
Verlag: BABADADA GmbH, Nedderfeld 112 , 22529 Hamburg
Geschäftsführer / Verlagsleitung: Harald Hof
Druck: Books on Demand GmbH, In de Tarpen 42, 22848 Norderstedt

Imprint
Publisher: BABADADA GmbH, Nedderfeld 112 , 22529 Hamburg, Germany
Managing Director / Publishing direction: Harald Hof
Print: Books on Demand GmbH, In de Tarpen 42, 22848 Norderstedt

xue xiao

école

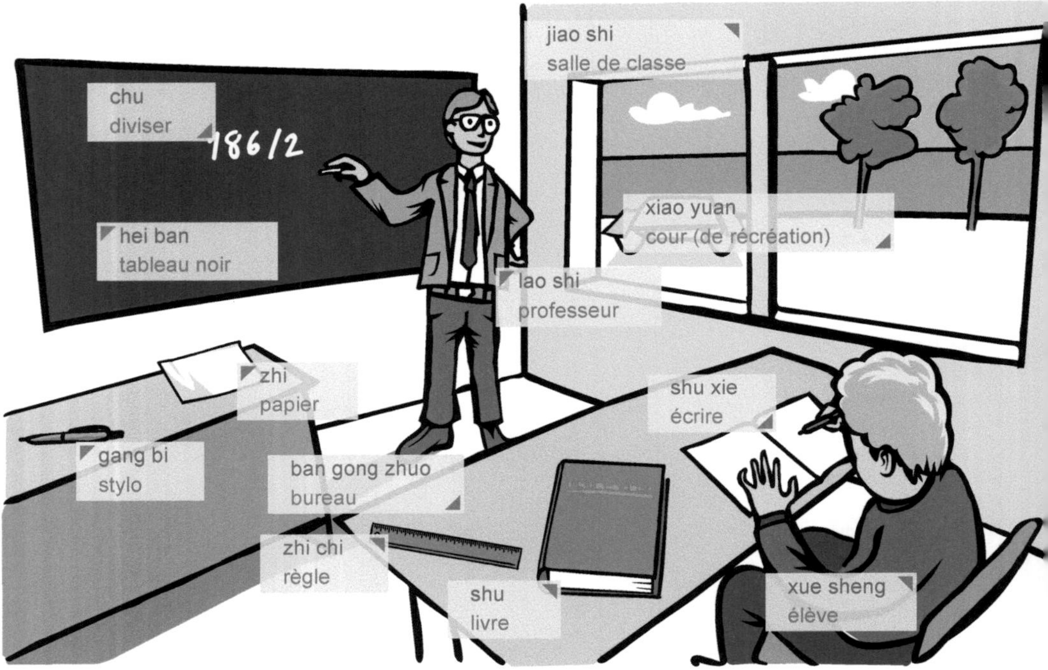

jiao shi
salle de classe
chu
diviser
186/2
hei ban
tableau noir
xiao yuan
cour (de récréation)
lao shi
professeur
zhi
papier
shu xie
écrire
gang bi
stylo
ban gong zhuo
bureau
zhi chi
règle
shu
livre
xue sheng
élève

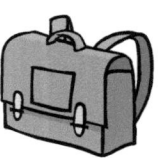

shu bao

cartable

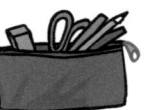

qian bi he

trousse

qian bi

crayon

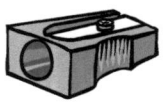

juan bi dao

taille-crayon

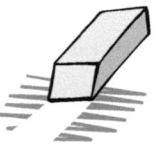

xiang pi ca

gomme

hua ban

carnet à dessin

tu hua

dessin

hua bi

pinceau

yan liao he

boîte de peinture

jian dao

ciseaux

jiao shui

colle

lian xi ce

cahier d'exercices

jia ting zuo ye

devoirs

shu zi

chiffre

jia

additionner

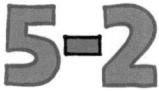

jian

soustraire

cheng

multiplier

ji suan

calculer

zi mu

lettre

zi mu biao

alphabet

hello

zi

mot

ke wen

texte

du

lire

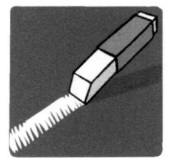

fen bi

craie

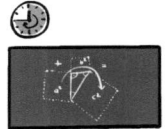

shang ke

leçon

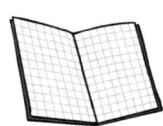

deng ji

livre de classe

kao shi

examen

zheng shu

certificat

xiao fu

uniforme scolaire

jiao yu

formation

bai ke quan shu

lexique

da xue

université

xian wei jing

microscope

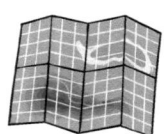

di tu

carte

fei zhi kuang

corbeille à papier

xue xiao - école

lü xing
voyage

jiu dian
hôtel
Grand
qing nian lü xing she
auberge
ROOMS
EXCHANGE
wai bi dui huan chu
bureau de change
shou ti xiang
valise
qi che
voiture

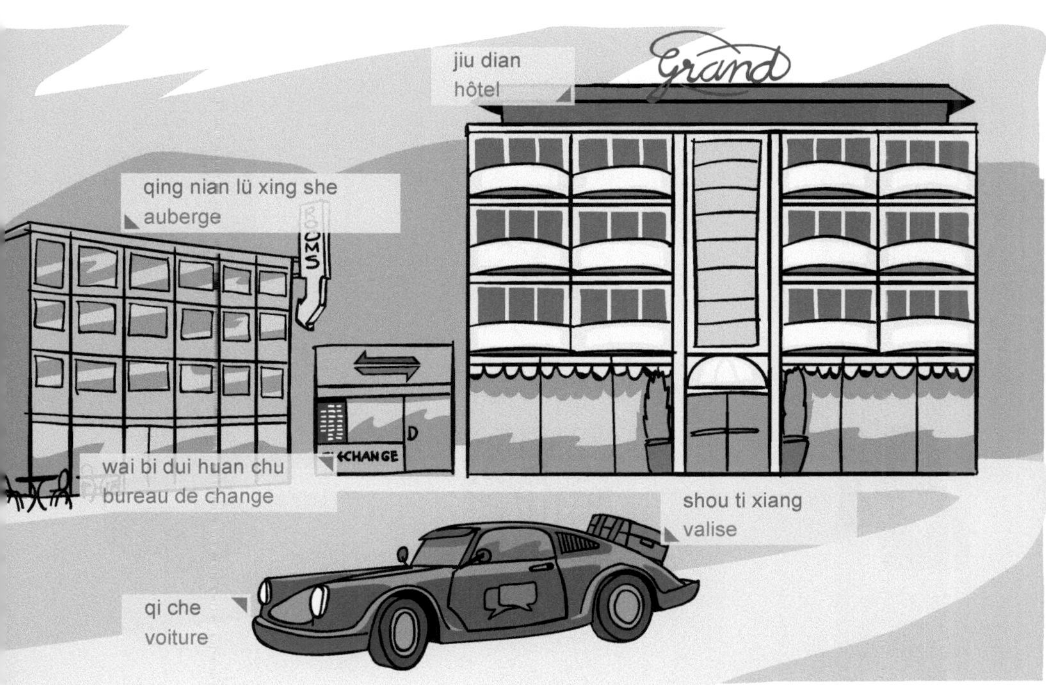

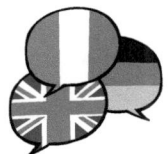

yu yan

langue

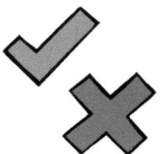

shi/fou

oui / non

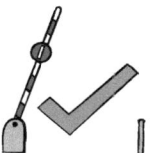

hao de

d'accord

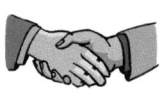

nin hao

Salut

fan yi yuan

interprète

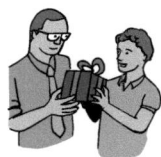

xie xie

merci

......duo shao qian?

Combien coûte...?

wo bu ming bai

Je ne comprends pas

wen ti

problème

wan shang hao!

Bonsoir !

zao shang hao!

Bonjour !

wan an!

Bonne nuit !

zai jian

Au revoir

fang xiang

direction

xing li

bagages

bao

sac

shuang jian bao

sac-à-dos

ke ren

hôte

fang jian

pièce

shui dai

sac de couchage

zhang peng

tente

lü you xin xi

office de tourisme

hai tan

plage

xin yong ka

carte de crédit

zao can

petit-déjeuner

wu can

déjeuner

wan can

dîner

piao

billet

dian ti

ascenseur

you piao

timbre

bian jie

frontière

hai guan

douane

da shi guan

ambassade

qian zheng

visa

hu zhao

passeport

jiao tong yun shu

transport

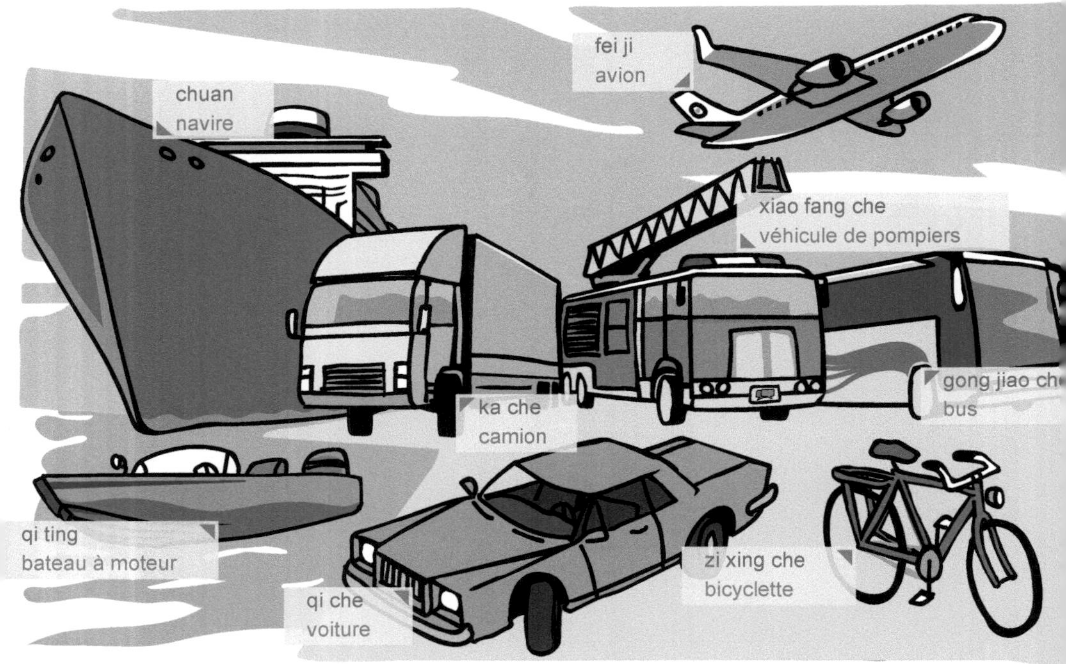

fei ji
avion
chuan
navire
xiao fang che
véhicule de pompiers
gong jiao ch
bus
ka che
camion
qi ting
bateau à moteur
zi xing che
bicyclette
qi che
voiture

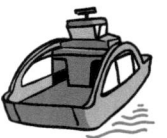

bai du chuan

ferry

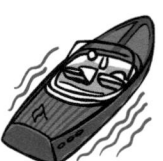

xiao chuan

barque

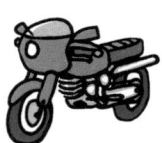

mo tuo che

moto

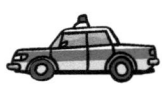

jing che

voiture de police

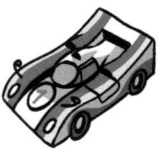

sai che

voiture de course

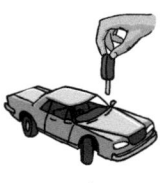

zu che

voiture de location

pin che
auto-partage

tuo che
voiture de remorquage

la ji che
benne à ordures

fa dong ji
moteur

qi you
essence

jia you zhan
station d'essence

jiao tong biao zhi
panneau indicateur

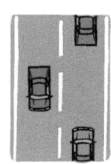

jiao tong
trafic

jiao tong du sai
embouteillage

ting che chang
parking

huo che zhan
gare

gui dao
rails

huo che
train

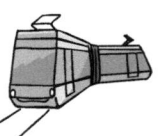

dian che
tramway

huo che
wagon

zhi sheng ji

hélicoptère

ji chang

aéroport

ta

tour

cheng ke

passager

ji zhuang xiang

conteneur

zhi ban xiang

carton

shou tui che

chariot

lan zi

corbeille

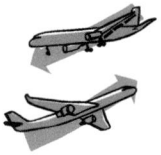

qi fei/jiang luo

décoller / atterrir

cheng shi
ville

cun zhuang

village

shi zhong xin

centre-ville

fang zi

maison

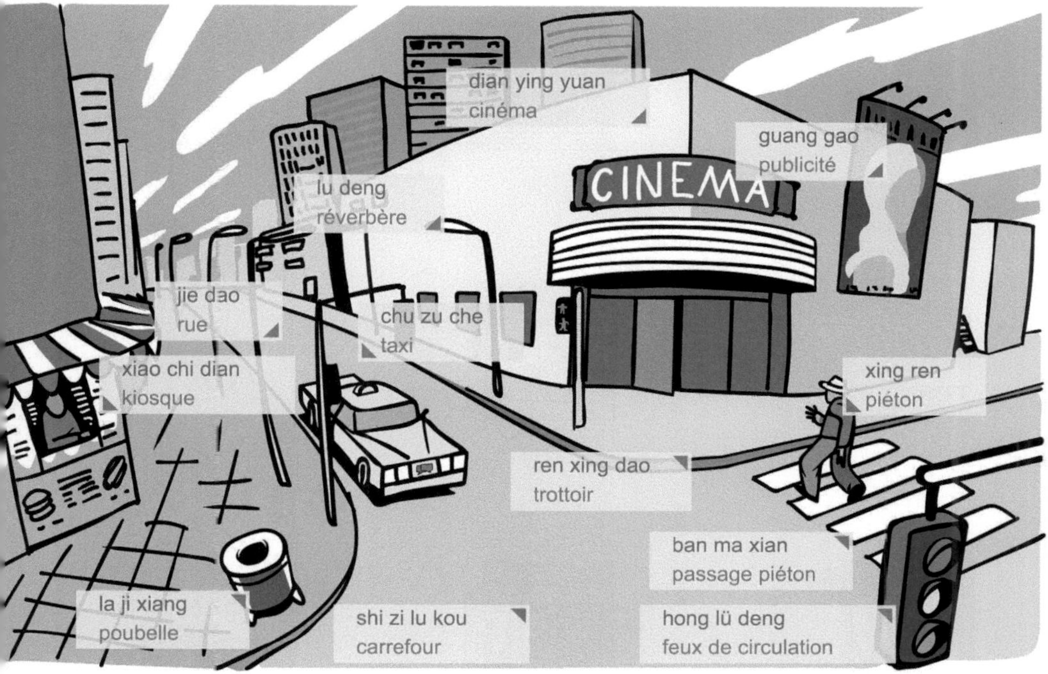
dian ying yuan
cinéma
CINEMA
guang gao
publicité
lu deng
réverbère
jie dao
rue
chu zu che
taxi
xiao chi dian
kiosque
xing ren
piéton
ren xing dao
trottoir
ban ma xian
passage piéton
la ji xiang
poubelle
shi zi lu kou
carrefour
hong lü deng
feux de circulation

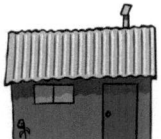

xiao wu

cabane

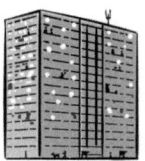

gong yu

appartement

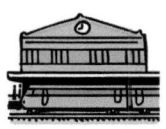

huo che zhan

gare

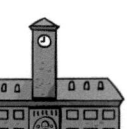

shi zheng ting

mairie

MUSEUM

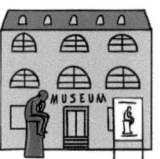

bo wu guan

musée

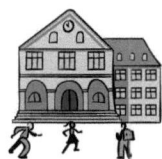

xue xiao

école

da xue

université

yin hang

banque

yi yuan

hôpital

jiu dian

hôtel

yao fang

pharmacie

ban gong shi

bureau

shu dian

librairie

shang dian

magasin

hua dian

fleuriste

chao shi

supermarché

shi chang

marché

bai huo shang dian

grand magasin

yu dian

poissonnerie

gou wu zhong xin

centre commercial

hai gang

port

gong yuan

parc

chang deng

banque

qiao

pont

lou ti

escaliers

di tie

métro

sui dao

tunnel

gong jiao che zhan

arrêt de bus

jiu ba

bar

can guan

restaurant

you tong

boîte à lettres

lu biao

panneau indicateur

ting che ji shi qi

parcmètre

dong wu yuan

zoo

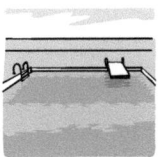

you yong guan

piscine

qing zhen si

mosquée

nong chang
ferme

wu ran
pollution

mu di
cimetière

jiao tang
église

cao chang
aire de jeux

si miao
temple

di xing

paysage

shu ye
feuille

zhi shi pai
panneau indicateur

lu
chemin

cao di
pré

shi tou
pierre

tu bu lü xing zhe
randonneur

shu
arbre

he
rivière

cao
herbe

hua
fleur

xia gu

vallée

shan

montagne

hu

lac

sen lin

forêt

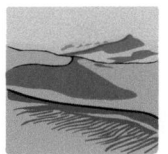

sha mo

désert

huo shan

volcan

cheng bao

château

cai hong

arc-en-ciel

mo gu

champignon

zong lü shu

palmier

wen zi

moustique

cang ying

mouche

ma yi

fourmis

mi feng

abeille

zhi zhu

araignée

jia chong

coléoptère

qing wa

grenouille

song shu

écureuil

ci wei

hérisson

ye tu

lièvre

mao tou ying

chouette

niao

oiseau

tian e

cygne

ye zhu

sanglier

lu

cerf

mi lu

élan

shui ba

barrage

feng li fa dian ji

éolienne

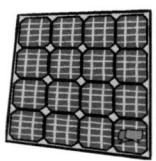

tai yang neng dian chi ban

panneau solaire

qi hou

climat

can guan
restaurant

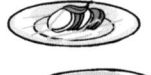

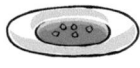

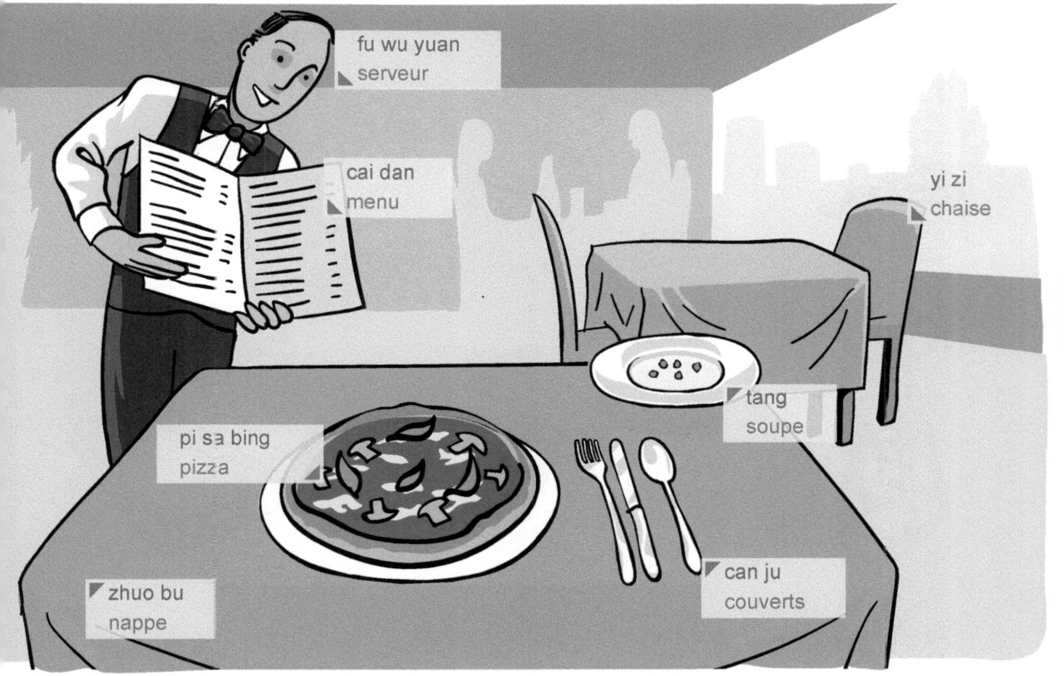
fu wu yuan
serveur
cai dan
menu
yi zi
chaise
tang
soupe
pi sa bing
pizza
can ju
couverts
zhuo bu
nappe

qian cai

hors d'œuvre

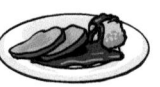

zhu cai

plat principal

tian dian

dessert

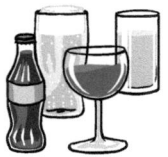

yin liao

boissons

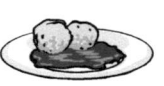

shi wu

alimentation

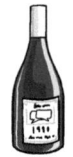

ping zi

bouteille

kuai can

fast-food

jie bian xiao chi

plats à emporter

cha hu

théière

tang he

sucrier

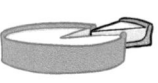

yi fen fan cai

portion

yi shi ka fei ji

machine à expresso

gao jiao yi

chaise haute

zhang dan

facture

tuo pan

plateau

dao

couteau

can cha

fourchette

shao zi

cuillère

cha chi

cuillère à thé

can jin

serviette

bo li bei

verre

die zi

assiette

tang pan

assiette à soupe

die zi

soucoupe

jiang

sauce

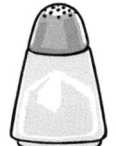

yan ping

salière

hu jiao mo

moulin à poivre

cu

vinaigre

shi yong you

huile

tiao wei liao

épices

fan qie jiang

ketchup

jie mo

moutarde

dan huang jiang

mayonnaise

chao shi
supermarché

te jia
offre promotionnelle
FOR
gu ke
client
ru zhi pin
produits laitiers
shui guo
fruits
gou wu che
chariot

BUTCHERS

rou pu

boucherie

BAKERY

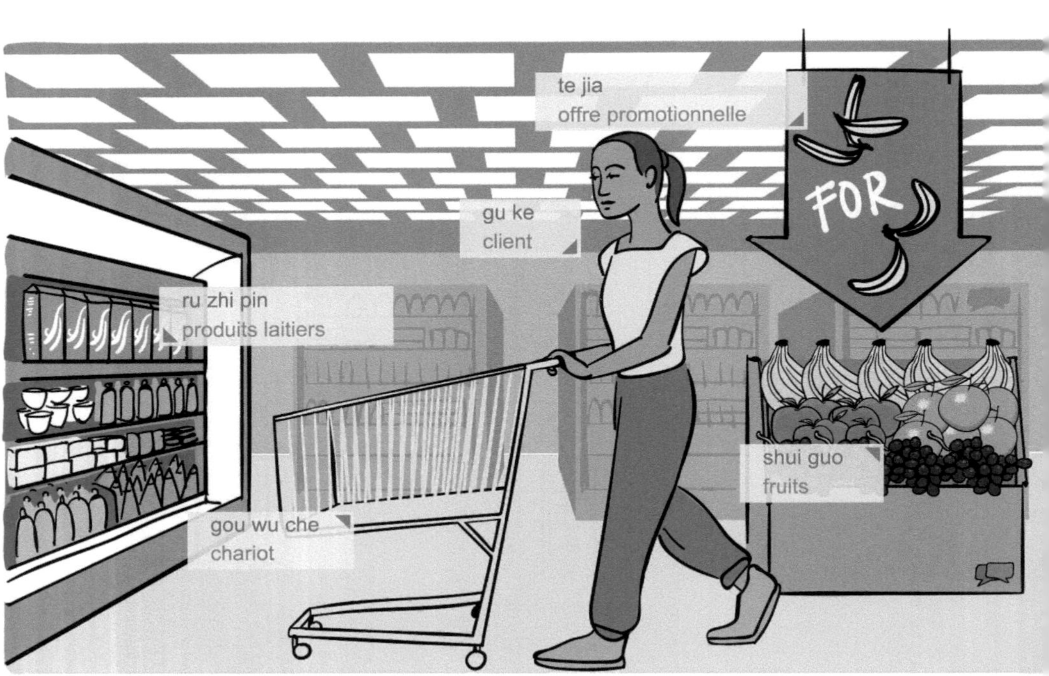

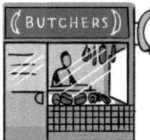

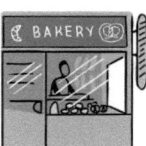

mian bao fang

boulangerie

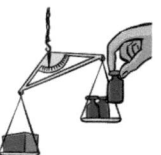

cheng zhong

peser

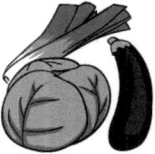

shu cai

légumes

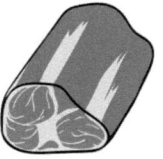

rou

viande

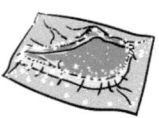

leng dong shi pin

aliments surgelés

leng pan

charcuterie

guan tou shi pin

conserves

xi yi fen

poudre à lessive

tian shi

bonbons

ri yong pin

articles ménagers

qing jie yong pin

détergents

xiao shou yuan

vendeuse

shou yin ji

caisse

shou yin yuan

caissier

gou wu qing dan

liste d'achats

kai fang shi jian

heures d'ouverture

qian bao

portefeuille

xin yong ka

carte de crédit

dai zi

sac

su liao dai

sac en plastique

chao shi - supermarché

21

shui

eau

guo zhi

jus de fruit

niu nai

lait

ke le

coca

hong jiu

vin

pi jiu

bière

jiu

alcool

ke ke

chocolat chaud

cha

thé

ka fei

café

yi shi nong suo ka fei

expresso

ka bu qi nuo

cappuccino

xiang jiao

banane

ping guo

pomme

cheng zi

orange

xi gua

melon

ning meng

citron

hu luo bo

carotte

da suan

ail

zhu zi

bambou

yang cong

oignon

mo gu

champignon

jian guo

noisettes

mian tiac

pâtes

yi da li mian tiao

spaghetti

mi fan

riz

sha la

salade

shu tiao

pommes frites

zha tu dou

pommes de terre rôties

pi sa bing

pizza

han bao bao

hamburger

san ming zhi

sandwich

zha zhu pai

escalope

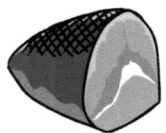

huo tui

jambon

sa la mi

salami

xiang chang

saucisse

ji rou

poulet

kao rou

rôti

yu

poisson

yan mai pian

flocons d'avoine

mu zi li

muesli

yu mi pian

cornflakes

mian fen

farine

yang jiao mian bao

croissant

mian bao juan

petits-pains

mian bao

pain

kao mian bao

pain grillé

bing gan

biscuits

huang you

beurre

ning ru

le fromage blanc

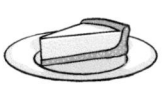

dan gao

gâteau

dan

œuf

jian dan

œuf au plat

nai lao

fromage

bing ji lin

glace

tang

sucre

feng mi

miel

guo jiang

confiture

qiao ke li jiang

crème nougat

ga li fan

curry

nong chang
ferme

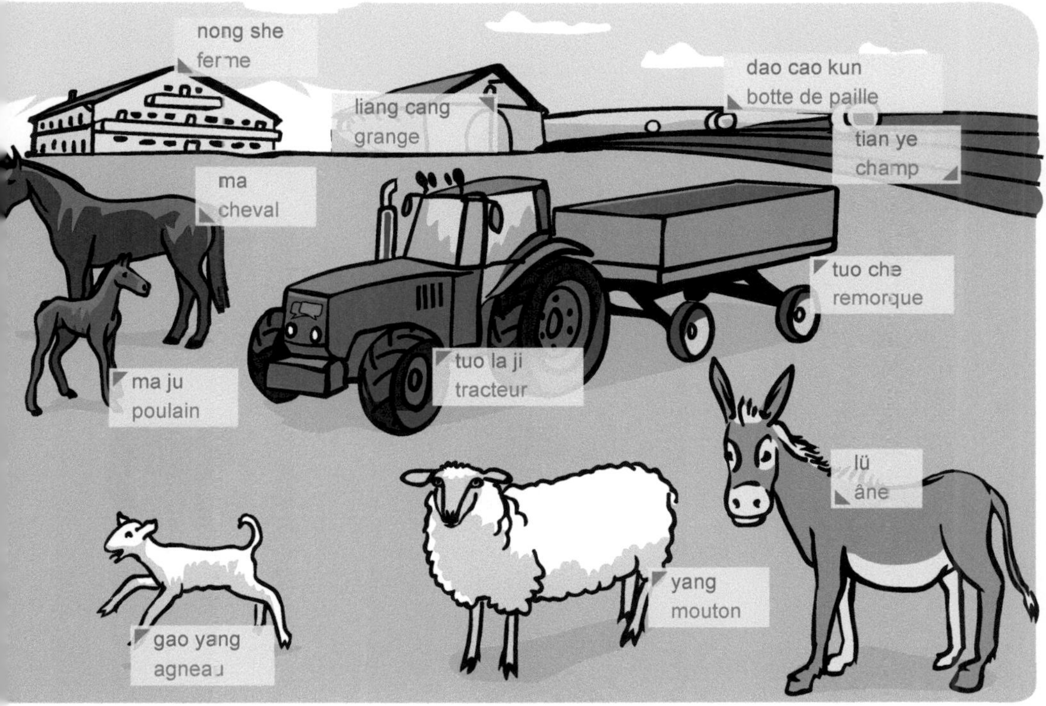
nong she
ferme
liang cang
grange
dao cao kun
botte de paille
tian ye
champ
ma
cheval
tuo che
remorque
tuo la ji
tracteur
ma ju
poulain
lü
âne
yang
mouton
gao yang
agneau

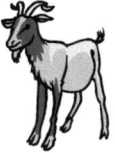

shan yang

chèvre

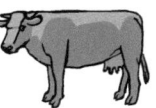

nai niu

vache

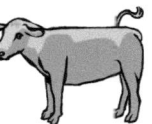

niu du

veau

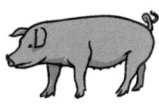

zhu

porc

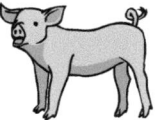

xiao zhu

porcelet

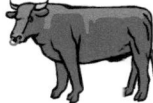

gong niu

taureau

e

oie

ya

canard

xiao ji

poussin

mu ji

poule

gong ji

coq

shu

rat

mao

chat

lao shu

souris

niu

bœuf

gou

chien

gou wu

chenil

hua yuan jiao shui ruan guan

tuyau de jardin

sa shui hu

arrosoir

chang bing da lian dao

faucheuse

li

charrue

lian dao

faucille

chu tou

pioche

chang bing cao pa

fourche

fu tou

hache

du lun shou tui che

brouette

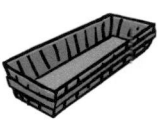

si liao cao

cuve

niu nai guan

pot à lait

ma bu dai

sac

zha lan

clôture

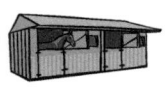

ma jiu

étable

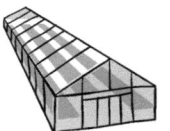

wen shi

serre

tu rang

sol

zhong zi

semences

fei liao

engrais

lian he shou ge ji

moissonneuse-batteuse

shou ge

récolter

shou ge

récolte

shan yao

igname

xiao mai

blé

da dou

soja

tu dou

pomme de terre

yu mi

maïs

you cai zi

colza

guo shu

arbre fruitier

shu shu

manioc

gu wu

céréales

fang zi
maison

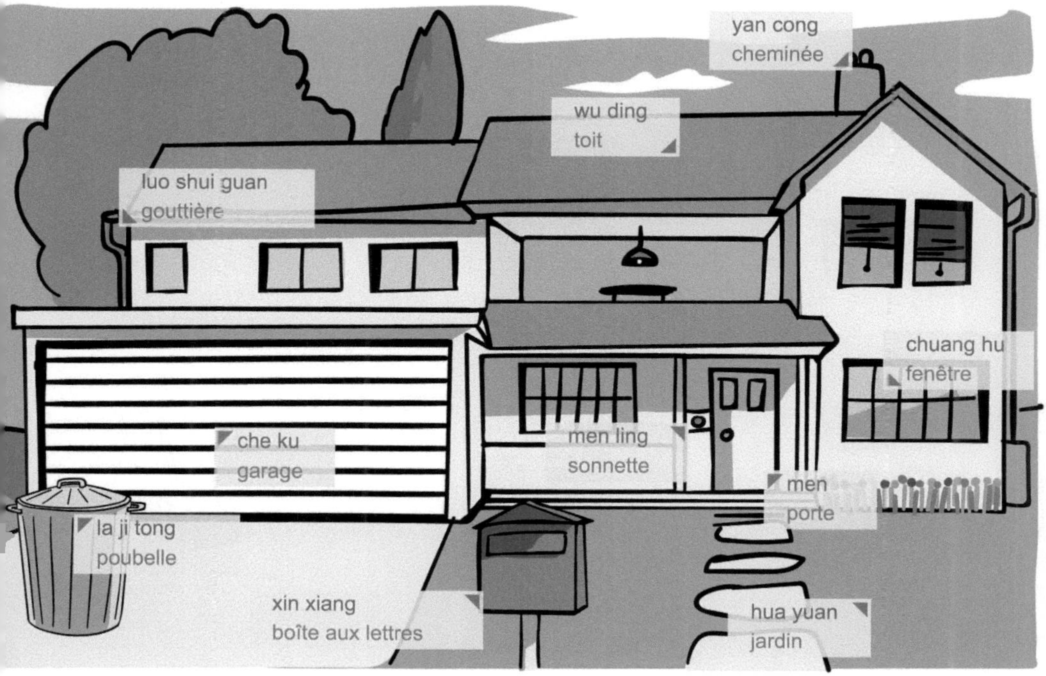
yan cong
cheminée
wu ding
toit
luo shui guan
gouttière
chuang hu
fenêtre
che ku
garage
men ling
sonnette
men
porte
la ji tong
poubelle
xin xiang
boîte aux lettres
hua yuan
jardin

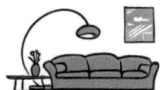

ke ting

salon

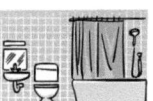

yu shi

salle de bain

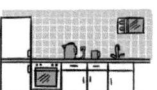

chu fang

cuisine

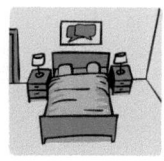

wo shi

chambre à coucher

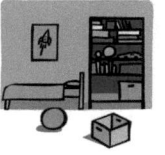

er tong fang

chambre d'enfant

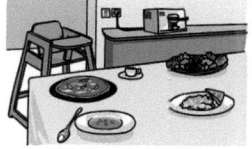

can ting

salle à manger

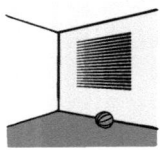

di ban

sol

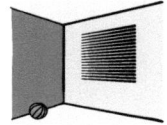

qiang bi

mur

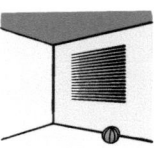

diao ding

plafond

di jiao

cave

sang na

sauna

yang tai

balcon

lu tai

terrasse

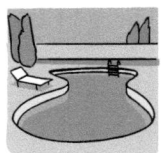

you yong chi

piscine

ge cao ji

tondeuse à gazon

bei dan

housse

chuang zhao

couette

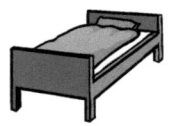

chuang

lit

sao zhou

balai

shui tong

sceau

kai guan

interrupteur

ke ting

salon

bi zhi
papier peint
zhao pian
image
tai deng
lampe
ge jia
étagère
chu gui
armoire
dian shi ji
télé
bi lu
cheminée
hua
fleur
dian zi
coussin
sha fa
sofa
hua ping
vase
yao kong qi
télécommande

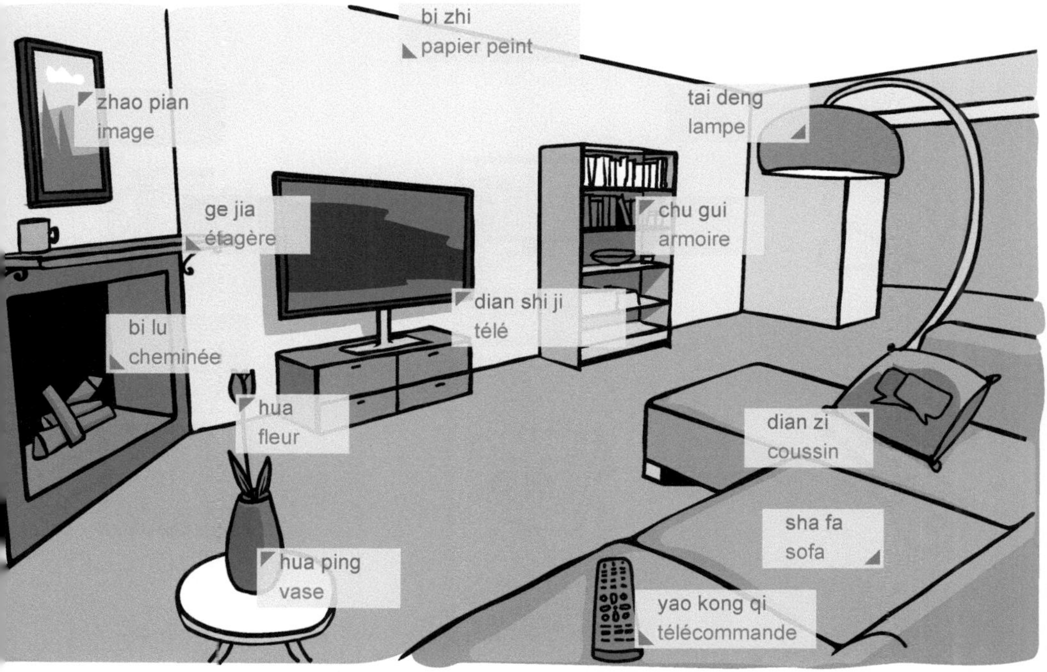

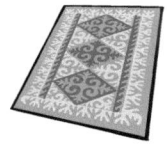

di tan

tapis

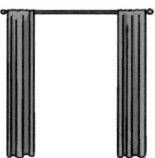

chuang lian

rideau

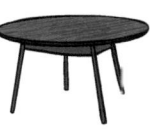

can zhuo

table

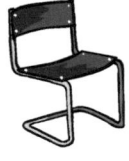

yi zi

chaise

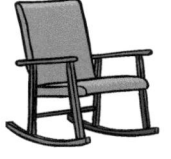

yao yi

chaise à bascule

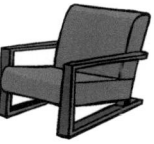

fu shou yi

fauteuil

shu

livre

tan zi

couverture

zhuang shi pin

décoration

mu chai

bois de chauffage

dian ying

film

gao bao zhen yin xiang

chaîne hi-fi

yao shi

clé

bao zhi

journal

you hua

peinture

hai bao

poster

shou yin ji

radio

bi ji ben

bloc-notes

xi chen qi

aspirateur

xian ren zhang

cactus

la zhu

bougie

chu fang
cuisine

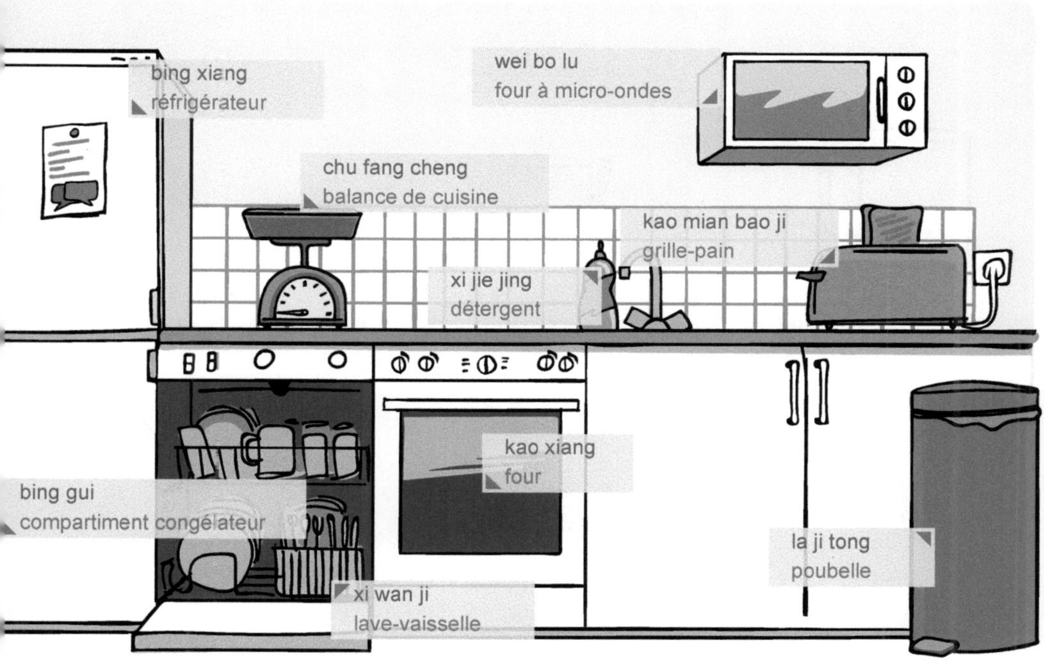

bing xiang
réfrigérateur
wei bo lu
four à micro-ondes
chu fang cheng
balance de cuisine
kao mian bao ji
grille-pain
xi jie jing
détergent
kao xiang
four
bing gui
compartiment congélateur
la ji tong
poubelle
xi wan ji
lave-vaisselle

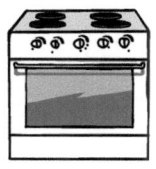

chui ju

four

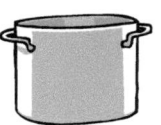

guo

casserole

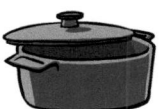

zhu tie guo

marmite

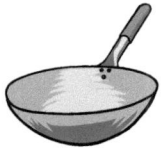

sha guo

wok / kadai

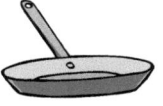

ping di guo

poêle

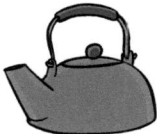

shui hu

bouilloire electrique

zheng guo

cuiseur vapeur

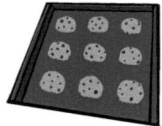

kao pan

plaque de cuisson

tao ci guo

vaisselle

ma ke bei

gobelet

wan

coupe

kuai zi

baguettes

chang bing shao

louche

chan zi

spatule

jiao ban qi

fouet

lü wang

passoire

shai zi

tamis

mo sui ji

râpe

yan bo

mortier

shao kao

barbecue

ming huo

cheminée

cai ban

planche à découper

gan mian zhang

rouleau à pâtisserie

kai ping qi

tire-bouchon

guan zi

boîte

kai ping qi

ouvre-boîte

ge re shou tao

maniques

shui cao

lavabo

shua zi

brosse

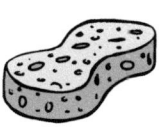

hai mian

éponge

jiao ban ji

mixeur

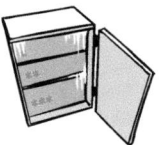

leng cang xiang

congélateur

nai ping

biberon

shui long tou

robinet

yu shi

salle de bain

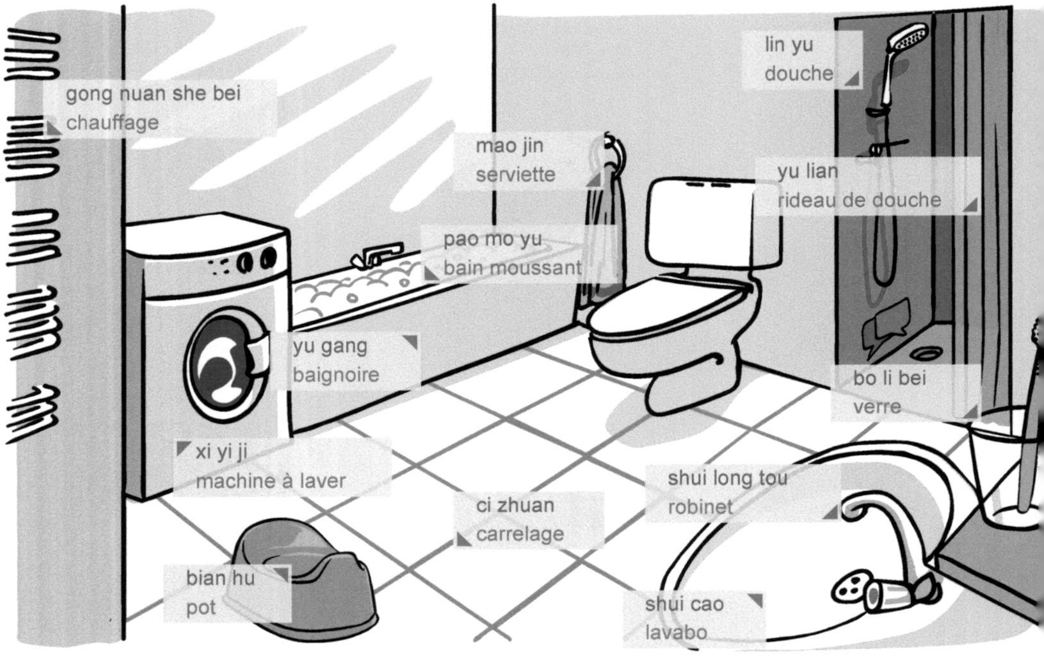

gong nuan she bei
chauffage
mao jin
serviette
lin yu
douche
yu lian
rideau de douche
pao mo yu
bain moussant
yu gang
baignoire
bo li bei
verre
xi yi ji
machine à laver
shui long tou
robinet
ci zhuan
carrelage
bian hu
pot
shui cao
lavabo

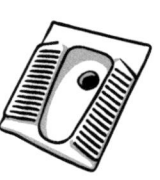

ce suo

toilettes

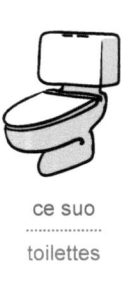

dun bian qi

toilette à la turque

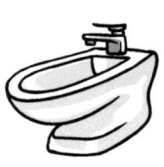

zuo yu qi

bidet

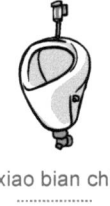

xiao bian chi

urinoir

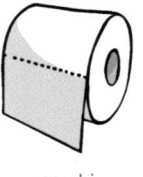

ce zhi

papier toilette

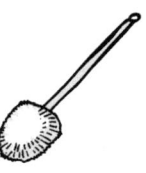

ma tong shua

brosse à toilette

ya shua

brosse à dents

ya gao

dentifrice

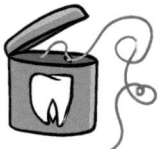

ya xian

fil dentaire

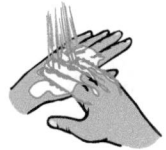

xi

laver

shou chi shi pen lin tou

douche manuelle

chong xi qi

douche intime

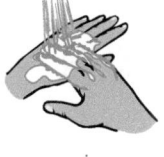

xi lian pen

vasque

ca bei shua

brosse dorsale

fei zao

savon

mu yu lu

gel douche

xi fa shui

shampooing

fa lan rong

gant de toilette

pai shui

écoulement

ru shuang

crème

chu chou ji

déodorant

jing zi

miroir

shou jing

miroir cosmétique

ti xu dao

rasoir

ti xu pao mo

mousse à raser

xu hou shui

après-rasage

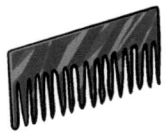

shu zi

peigne

shua zi

brosse

chui feng ji

sèche-cheveux

pen fa ding xing ji

laque pour cheveux

hua zhuang pin

fond de teint

chun gao

rouge à lèvres

zhi jia you

vernis à ongles

hua zhuang mian

ouate

zhi jia jian

coupe-ongles

xiang shui

parfum

xi shu bao

trousse de toilette

deng zi

tabouret

ji zhong cheng

pèse-personne

yu pao

peignoir

xiang jiao shou tao

gants de nettoyage

wei sheng mian tiao

tampon

wei sheng jin

serviettes hygiéniques

hua xue ce suo

toilette chimique

er tong fang
chambre d'enfant

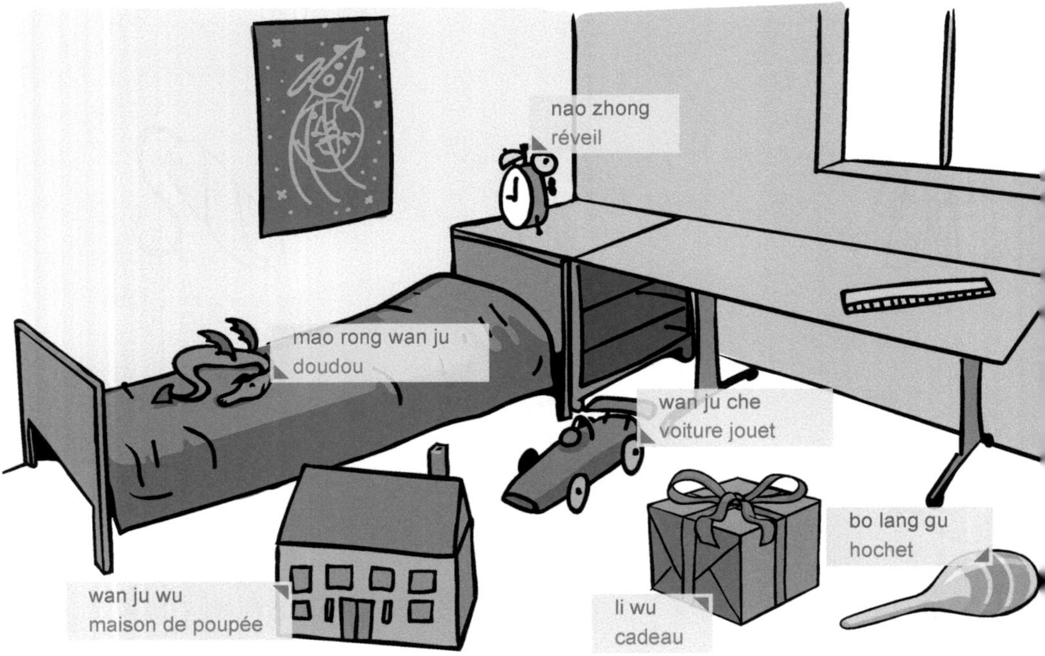
nao zhong
réveil
mao rong wan ju
doudou
wan ju che
voiture jouet
bo lang gu
hochet
wan ju wu
maison de poupée
li wu
cadeau

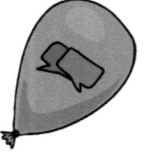

qi qiu

ballon

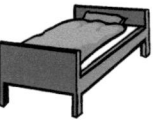

chuang

lit

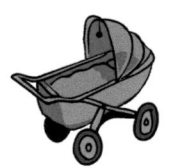

(yang wa wa yong)ying er che

poussette

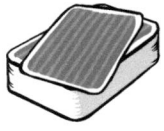

pu ke pai

jeu de cartes

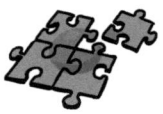

pin tu

puzzle

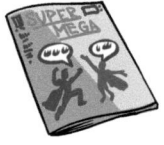

man hua

bande dessinée

le gao ji mu

pièces lego

ji mu wan ju

blocs de construction

wan ju ren

figurine

ying er fu

grenouillère

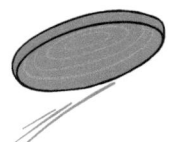

fei pan

frisbee

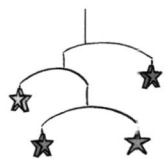

chuang ling wan ju

mobile

qi pan you xi

jeu de société

shai zi

dé

huo che mo xing

train miniature

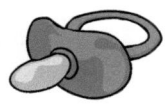

an fu nai zui

sucette

ju hui

fête

hui ben

livre d'images

qiu

balle

yang wa wa

poupée

wan

jouer

sha keng

bac à sable

qiu qian

balançoire

wan ju

jouets

you xi ji

console de jeu

san lun che

tricycle

tai di xiong

ours en peluche

yi chu

armoire

yi fu

vêtements

wa zi

chaussettes

chang wa

bas

jin shen ku

collant

wei jin
écharpe

yu san
parapluie

T xu
t-shirt

pi dai
ceinture

xue zi
bottes

tuo xie
pantoufles

yun dong xie
baskets

liang xie
....
sandales

xie
....
chaussures

yu xue
....
bottes de caoutchouc

nei ku
....
sous-vêtements

xiong zhao
....
soutien-gorge

bei xin
....
maillot de corps

yi fu - vêtements

shen ti

body

ku zi

pantalon

niu zai ku

jean

duan qun

jupe

nü shi chen shan

chemisier

chen shan

chemise

tao tou shan

pull

wei yi

sweat à capuche

xi zhuang jia ke

veste

jia ke

veste

wai tao

manteau

yu yi

imperméable

tao zhuang

costume

lian yi qun

robe

hun sha

robe de mariée

yi fu - vêtements

xi zhuang

costume

shui pao

chemise de nuit

shui yi

pyjama

sha li

sari

tou jin

foulard

bao tou jin

turban

bo ka

burqa

ka fu tan

caftan

(a la bo shi)chang pao

abaya

yong yi

maillot de bain

nan shi yong ku

maillot de bain

duan ku

short

yun dong fu

tenue d'entraînement

wei qun

tablier

shou tao

gants

niu kou

bouton

yan jing

lunettes

shou lian

bracelet

xiang lian

collier

jie zhi

bague

er huan

boucle d'oreille

bian mao

bonnet

yi jia

cintre

mao zi

chapeau

ling dai

cravate

la lian

fermeture éclair

tou kui

casque

bei dai

bretelles

xiao fu

uniforme scolaire

zhi fu

uniforme

wei dou

bavoir

an fu nai zui

sucette

niao bu shi

lange

ban gong shi
bureau

fu wu qi
serveur

wen jian gui
armoire d'archivage

da yin ji
imprimante

xian shi ping
écran

zhi
papier

ban gong zhuo
bureau

shu piao
souris

wen jian jia
classeur

jian pan
clavier

fei zhi kuang
corbeille à papier

dian nao
ordinateur

yi zi
chaise

ka fei bei

tasse de café

ji suan qi

calculatrice

yin te warg

internet

bi ji ben dian nao

ordinateur portable

xin jian

lettre

xiao xi

message

shou ji

portable

wang luo

réseau

fu yin ji

photocopieuse

ruan jian

logiciel

dian hua

téléphone

cha zuo

prise

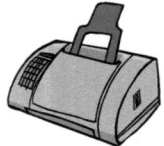

chuan zhen ji

fax

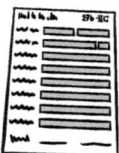

biao ge

formulaire

wen jian

document

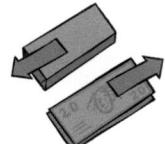

mai

acheter

fu qian

payer

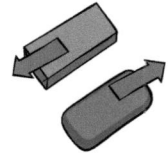

jiao yi

faire du commerce

xian jin

monnaie

mei yuan

dollar

ou yuan

euro

ri yuan

yen

lu bu

rouble

rui shi fa lang

franc suisse

ren min bi

renminbi yuan

lu bi

roupie

ti kuan chu

distributeur automatique

wai bi dui huan chu

bureau de change

jin

or

yin

argent

shi you

pétrole

neng yuan

énergie

jia ge

prix

he tong

contrat

shui jin

taxe

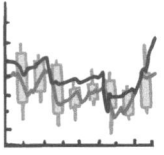

gu piao

action

gong zuo

travailler

zhi yuan

employé

lao ban

employeur

gong chang

usine

shang dian

magasin

jing guan
agent de police

xiao fang yuan
pompier

chu shi
cuisinier

yi sheng
médecin

fei xing yuan
pilote

yuan ding

jardinier

mu jiang

menuisier

cai feng

couturière

fa guan

juge

hua xue jia

chimiste

yan yuan

acteur

gong jiao che si ji

conducteur de bus

chu zu che si ji

chauffeur de taxi

yu fu

pêcheur

qing jie nü gong

femme de ménage

wu ding gong

couvreur

fu wu yuan

serveur

lie ren

chasseur

hua jia

peintre

mian bao shi

boulanger

dian gong

électricien

jian zhu gong ren

ouvrier

gong cheng shi

ingénieur

tu fu

boucher

shui guan gong

plombier

you di yuan

facteur

shi bing

soldat

jian zhu shi

architecte

shou yin yuan

caissier

hua nong

fleuriste

li fa shi

coiffeur

shou piao yuan

contrôleur

ji xie shi

mécanicien

chuan zhang

capitaine

ya yi

dentiste

ke xue jia

scientifique

la bi

rabbin

yi ma mu

imam

he shang

moine

mu shi

prêtre

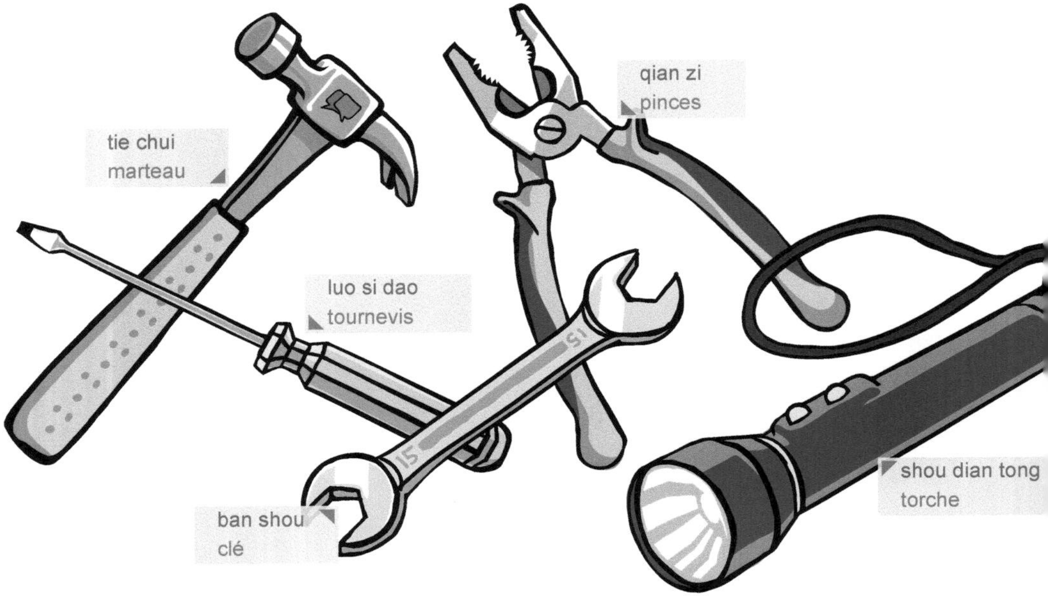

tie chui
marteau

qian zi
pinces

luo si dao
tournevis

ban shou
clé

shou dian tong
torche

wa jue ji
pelleteuse

gong ju xiang
boîte à outils

ti zi
échelle

ju zi
scie

ding zi
clous

zuan ji
perceuse

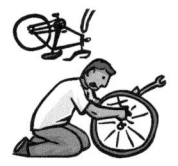

xiu

réparer

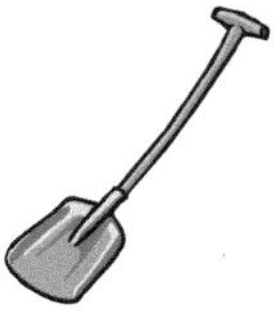

chan zi

pelle

kao!

Mince !

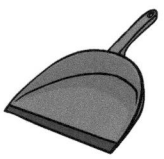

bo ji

pelle

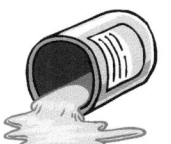

you qi tong

pot de peinture

luo si

vis

yue qi
instruments de musique

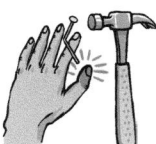

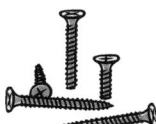

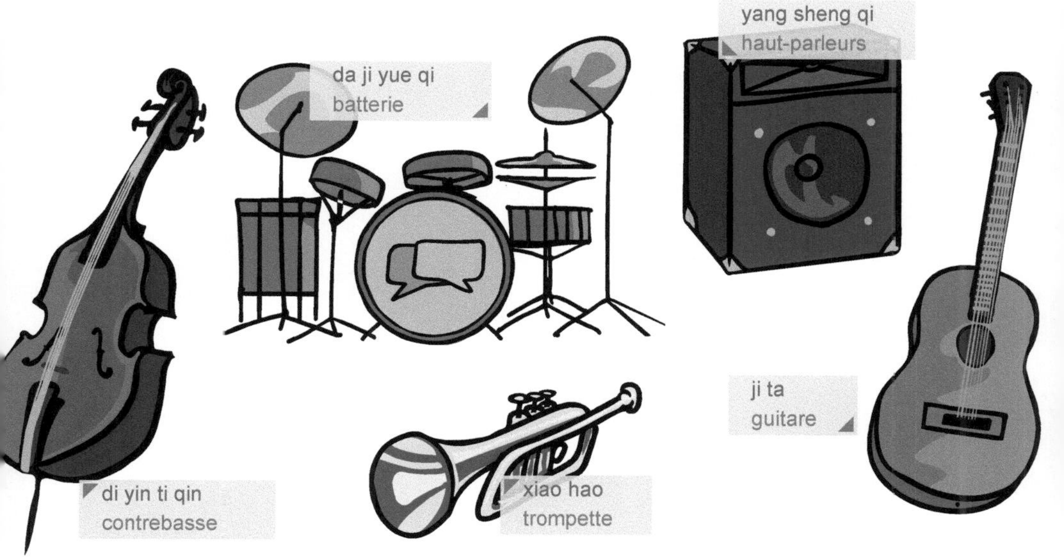
yang sheng qi
haut-parleurs
da ji yue qi
batterie
ji ta
guitare
di yin ti qin
contrebasse
xiao hao
trompette

gang qin

piano

xiao ti qin

violon

bei si

basse

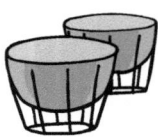

ding yin gu

timbales

gu

tambour

dian zi qin

piano électrique

sa ke si guan

saxophone

chang di

flûte

mai ke feng

microphone

dong wu yuan

zoo

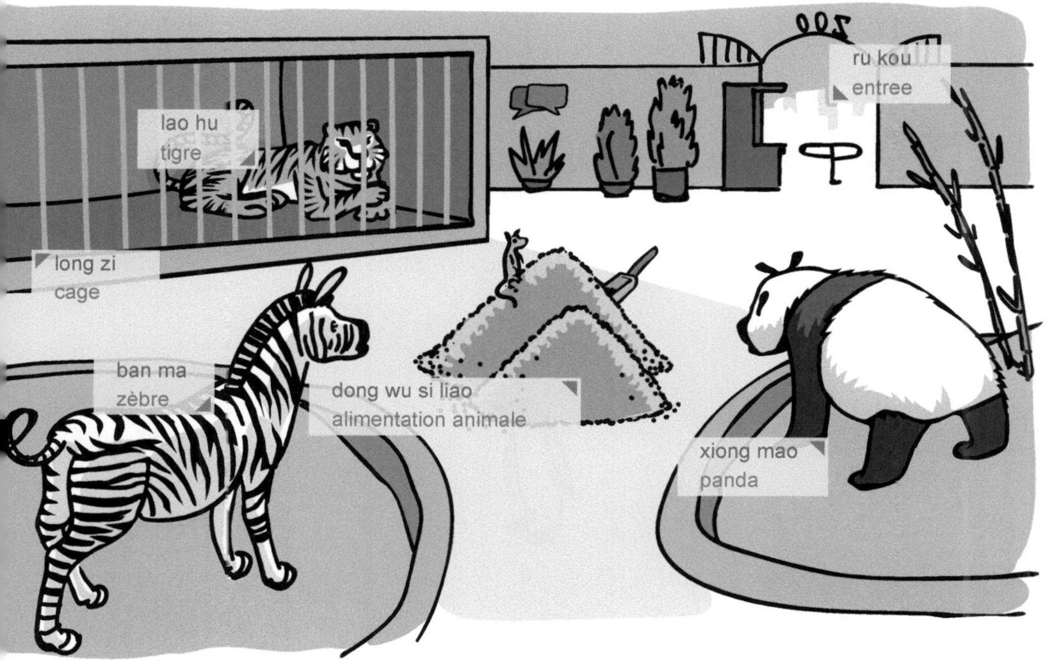

zoo
ru kou
entree
lao hu
tigre
long zi
cage
ban ma
zèbre
dong wu si liao
alimentation animale
xiong mao
panda

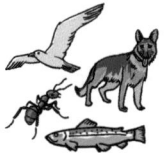

dong wu

animaux

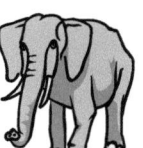

da xiang

éléphant

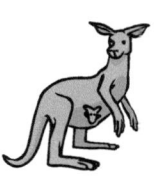

dai shu

kangourou

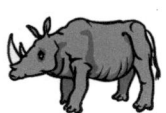

xi niu

rhinocéros

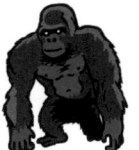

da xing xing

gorille

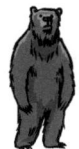

xiong

ours

luo tuo

chameau

tuo niao

autruche

shi zi

lion

hou zi

singe

huo lie niao

flamand rose

ying wu

perroquet

bei ji xiong

ours polaire

qi e

pingouin

sha yu

requin

kong que

paon

she

serpent

e yu

crocodile

dong wu yuan guan li yuan

gardien de zoo

hai bao

phoque

mei zhou bao

jaguar

ai zhong ma

poney

bao

léopard

he ma

hippopotame

chang jing lu

girafe

lao ying

aigle

ye zhu

sanglier

yu

poisson

gui

tortue

hai xiang

morse

hu li

renard

ling yang

gazelle

gan lan qiu
american Football

qi zi xing che
cyclisme

wang qiu
tennis

lan qiu
basket-ball

you yong
natation

quan ji
boxe

bing qiu
hockey sur glace

ying shi zu qiu
football

yu mao qiu
badminton

tian jing
athlétisme

shou qiu
handball

hua xue
ski

ma qiu
polo

tiao
sauter

yong bao
embrasser

xiao
rire

zou lu
marcher

chang
chanter

zuo meng
rêver

qi dao
prier

qin wen
faire la bise

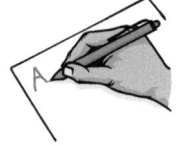

shu xie

écrire

hua

dessiner

zhan shi

montrer

tui

pousser

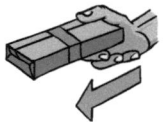

gei

donner

na

prendre

you

avoir

zuo

faire

dang

être

zhan

être debout

pao

courir

la

trier

reng

jeter

shuai dao

tomber

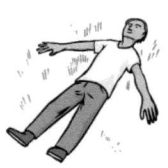

tang

être couché

deng dai

attendre

xie dai

porter

zuo

être assis

chuan yi

s'habiller

shui jiao

dormir

xing lai

se réveiller

kan

regarder

ku

pleurer

fu mo

caresser

shu tou

peigner

jiao tan

parler

ming bai

comprendre

wen

demander

ting

écouter

he

boire

chi

manger

qing li

ranger

ai

aimer

zuo fan

cuire

kai che

conduire

fei

voler

hang xing

faire de la voile

ji suan

calculer

du

lire

xue xi

apprendre

gong zuo

travailler

jie hun

se marier

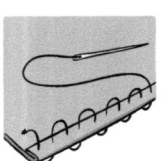

feng

coudre

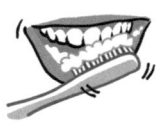

shua ya

brosser les dents

sha

tuer

chou yan

fumer

ji

envoyer

zu mu
grand-mère

zu fu
grand-père

fu qin
père

mu qin
mère

ying tong
bébé

nü er
fille

er zi
fils

ke ren

hôte

a yi

tante

shu shu

oncle

xiong di

frère

jie mei

sœur

shen ti

corps

qian e
front
yan jing
œil
jian bang
épaule
shou zhi
doigt
lian
visage
xia ba
menton
shou
main
tui
jambe
ru fang
poitrine
shou bi
bras

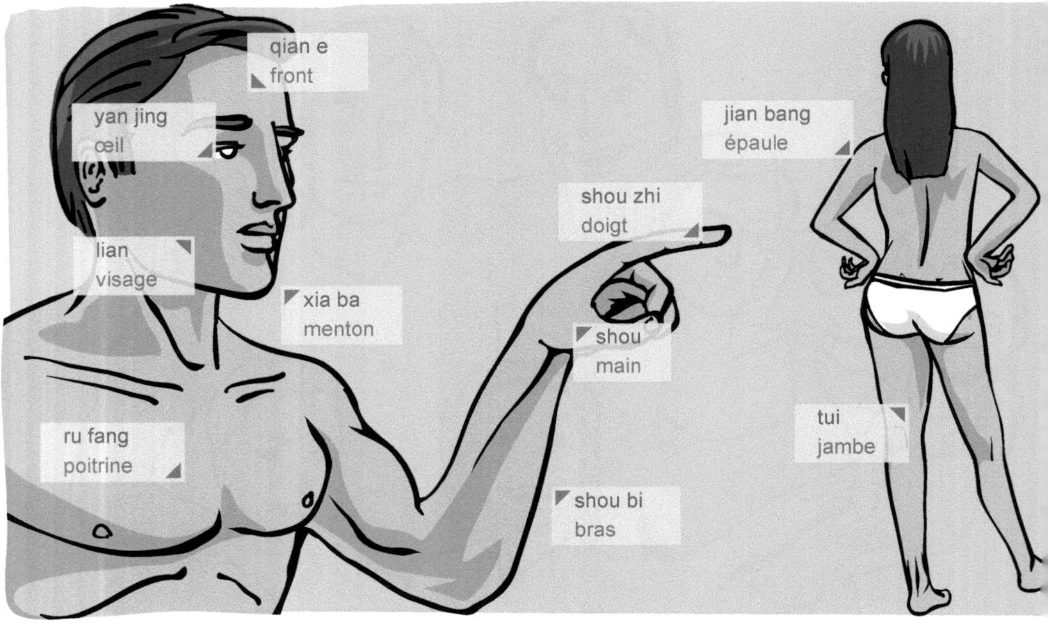

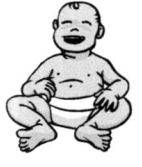

ying tong

bébé

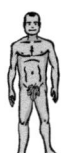

nan ren

homme

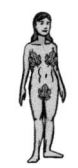

nü ren

femme

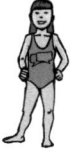

nü hai

fille

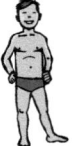

nan hai

garçon

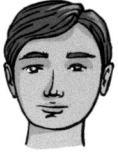

tou

tête

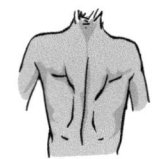

bei bu

dos

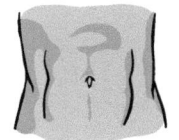

du zi

ventre

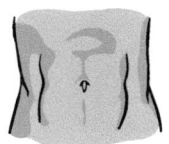

du qi

nombril

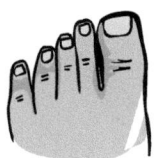

jiao zhi

orteil

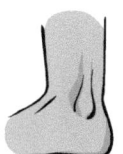

jiao hou gen

talon

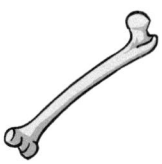

gu tou

os

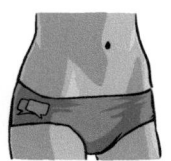

tun bu

hanche

xi gai

genou

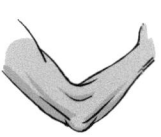

shou zhou

coude

bi zi

nez

pi gu

fesses

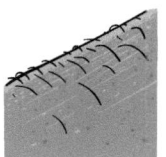

pi fu

peau

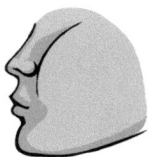

lian jia

joue

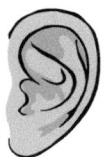

er duo

oreille

zui chun

lèvre

zui

bouche

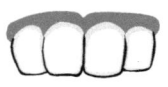

ya chi

dent

she tou

langue

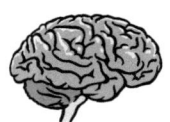

nao

cerveau

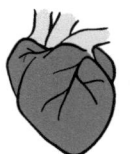

xin zang

cœur

ji rou

muscle

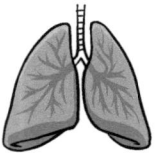

fei

poumons

gan zang

foie

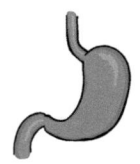

wei

estomac

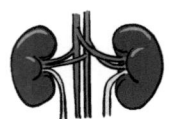

shen zang

reins

xing jiao

rapport sexuel

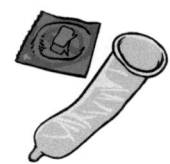

bi yun tao

préservatif

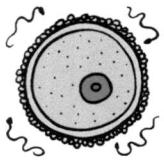

luan zi

ovule

jing zi

sperme

huai yun

grossesse

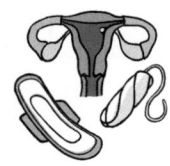

yue jing

menstruation

yin dao

vagin

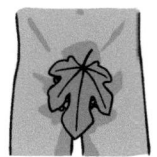

yin jing

pénis

mei mao

sourcil

tou fa

cheveux

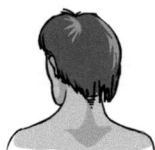

bo zi

cou

yi yuan
hôpital

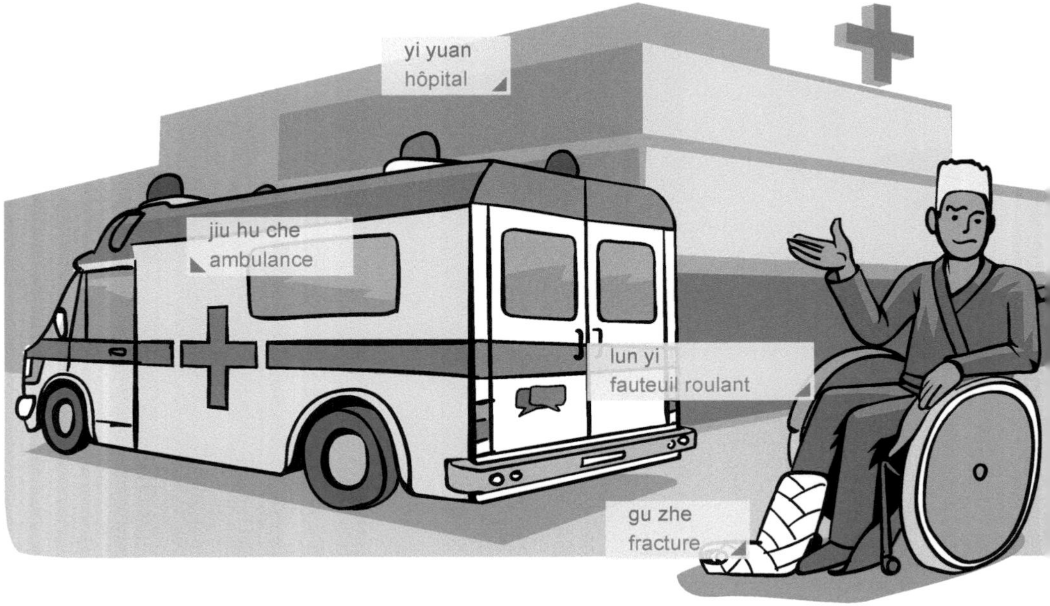

yi yuan
hôpital
jiu hu che
ambulance
lun yi
fauteuil roulant
gu zhe
fracture

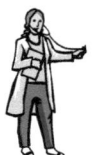

yi sheng

médecin

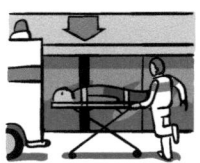

ji zhen shi

service des urgences

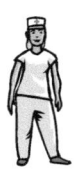

hu shi

infirmière

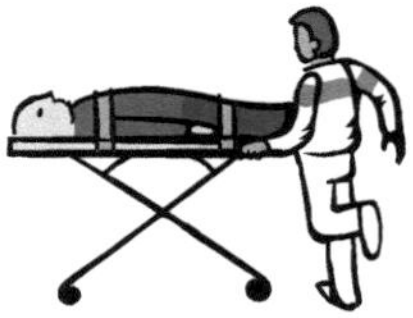

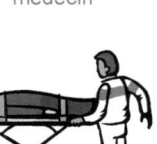

jin ji qing kuang

urgence

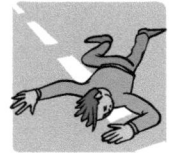

hun mi

inconscient

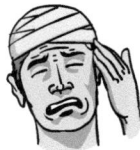

tong

douleur

shou shang

blessure

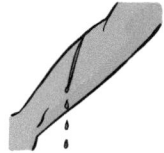

chu xue

hémorragie

xin zang bing fa zuo

crise cardiaque

zhong feng

attaque cérébrale

guo min

allergie

ke sou

toux

fa shao

fièvre

liu gan

grippe

fu xie

diarrhée

tou tong

mal de tête

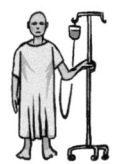

ai zheng

cancer

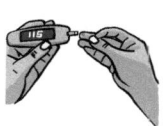

tang niao bing

diabète

wai ke yi sheng

chirurgien

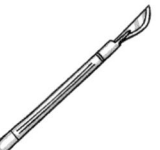

shou shu dao

scalpel

shou shu

opération

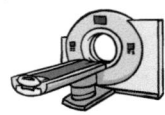

CT

CT

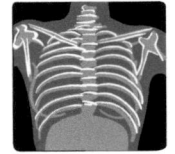

X guang

radiographie

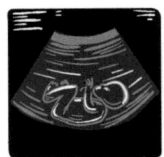

chao sheng bo

échographie

kou zhao

masque

ji bing

maladie

hou zhen shi

salle d'attente

guai zhang

béquille

shi gao

pansement

beng dai

pansement

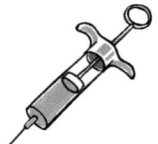

zhu she

injection

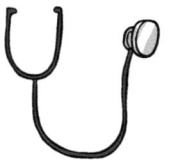

ting zhen qi

stéthoscope

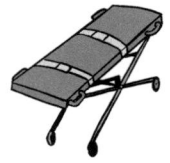

dan jia

brancard

ti wen ji

thermomètre

chu sheng

accouchement

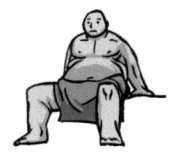

chao zhong

surcharge pondérale

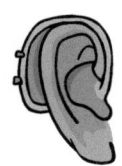

zhu ting qi

appareil auditif

xiao du ye

désinfectant

gan ran

infection

bing du

virus

ai zi bing

VIH / sida

yao wu

médicament

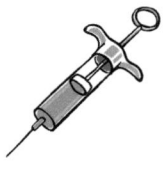

jie zhong yi miao

vaccination

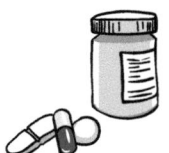

yao pian

comprimés

yao wan

pilule

ji jiu dian hua

appel d'urgence

xue ya ji

tensiomètre

sheng bing/jian kang

malade / sain

jiu ming!

Au secours !

tu ji

assaut

gong ji

attaque

wei xian

danger

jin ji chu kou

sortie de secours

zhao huo la!

Au feu!

mie huo qi

extincteur

yi wai

accident

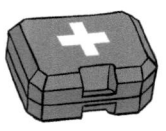

ji jiu xiang

trousse de premier secours

hu jiu xin hao

SOS

jing cha

police

ou zhou

Europe

bei mei zhou

Amérique du Nord

nan mei zhou

Amérique du Sud

fei zhou

Afrique

ya zhou

Asie

ao zhou

Australie

da xi yang

Océan atlantique

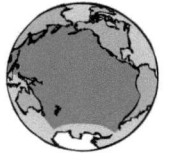

tai ping yang

Océan pacifique

yin du yang

Océan indien

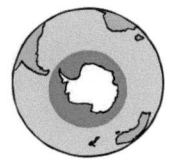

nan bing yang

Océan antarctique

bei bing yang

Océan arctique

bei ji

pôle nord

nan ji

pôle sud

nan ji zhou

Antarctique

di qiu

terre

lu di

pays

hai

mer

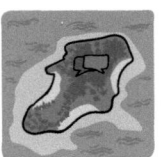

dao

île

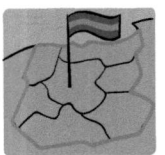

guo jia

nation

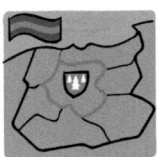

guo jia

état

zhong mian

cadran

shi zhen

aiguille des heures

fen zhen

aiguille des minutes

miao zhen

aiguille des secondes

xian zai ji dian?

Quelle heure est-il ?

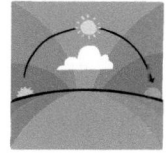

tian

jour

shi jian

temps

xian zai

maintenant

dian zi biao

montre digitale

fen

minute

shi

heure

zhou

semaine

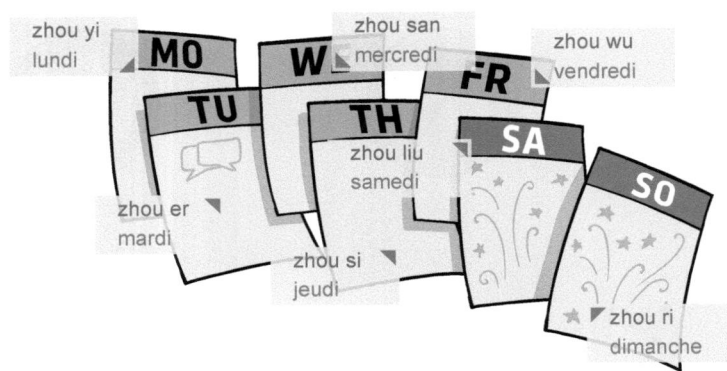

zhou yi
lundi

zhou er
mardi

zhou san
mercredi

zhou si
jeudi

zhou liu
samedi

zhou wu
vendredi

zhou ri
dimanche

zuo tian
....
hier

jin tian
....
aujourd'hui

ming tian
....
demain

zao chen
....
matin

zhong wu
....
midi

wan shang
....
soir

gong zuo ri
....
jours ouvrables

zhou mo
....
week-end

nian
année

yu
pluie
cai hong
arc-en-ciel
feng
vent
xue
neige
chun
printemps
xia
été
qiu
automne
dong
hiver

4.APRIL 11°
5.APRIL 4°
6.APRIL 13°
7.APRIL 8°
8.APRIL 10°

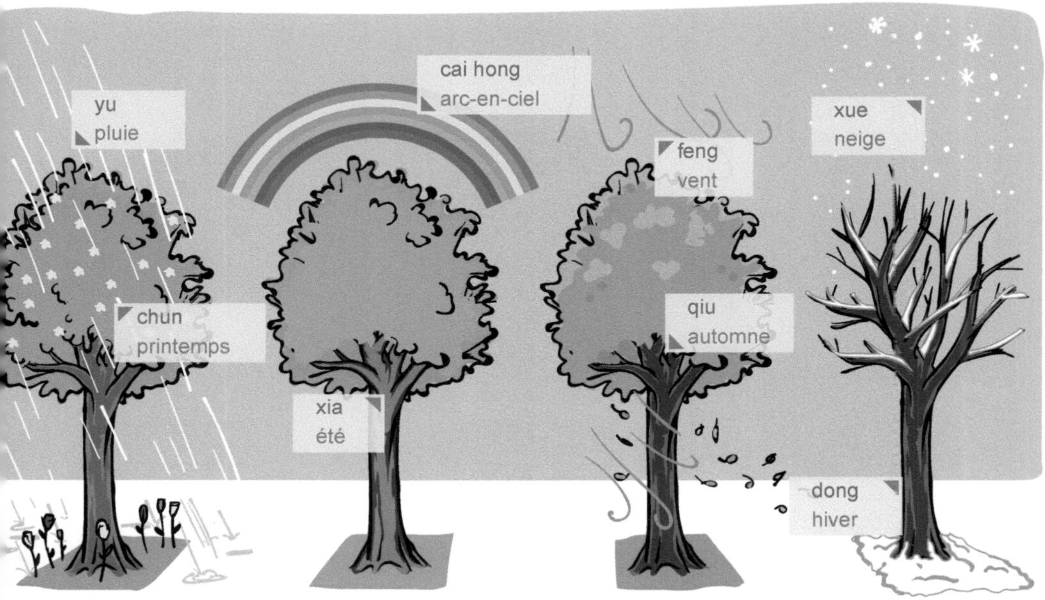

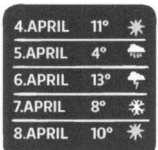

tian qi yu bao

météo

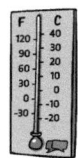

wen du ji

thermomètre

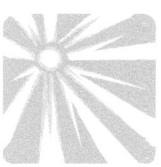

yang guang

lumière du soleil

yun

nuage

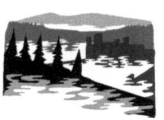

wu

brouillard

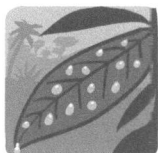

chao shi

humidité

shan dian

foudre

da lei

tonnerre

feng bao

tempête

bing bao

grêle

ji feng

mousson

hong shui

inondation

bing

glace

yi yue

janvier

er yue

février

san yue

mars

si yue

avril

wu yue

mai

liu yue

juin

qi yue

juillet

ba yue

août

nian - année

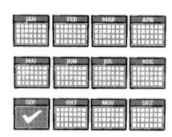

jiu yue

septembre

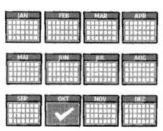

shi yue

octobre

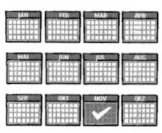

shi yi yue

novembre

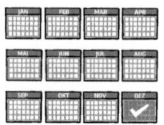

shi er yue

décembre

xing zhuang
formes

yuan xing

cercle

zheng fang xing

carré

chang fang xing

rectangle

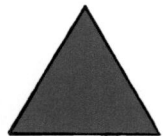

san jiao xing

triangle

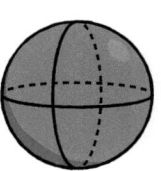

qiu ti

sphère

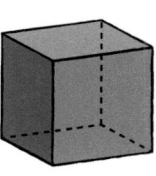

li fang ti

cube

bai

blanc

huang

jaune

cheng

orange

fen

rose

hong

rouge

zi

violet

lan

bleu

lü

vert

zong

marron

hui

gris

hei

noir

hen duo/shao xu

beaucoup / peu

sheng qi/ping jing

fâché / calme

mei/chou

joli / laid

shou/wei

début / fin

da/xiao

grand / petit

ming/an

clair / obscure

xiong di/jie mei

frère / soeur

gan jing/ang zang

propre / sale

wan zheng/que shi

complet / incomplet

bai tian/wan shang

jour / nuit

si/sheng

mort / vivant

kuan/zhai

large / étroit

ke shi yong/fei shi yong

comestible / incomestible

xie e/shan liang

méchant / gentil

xing fen/wu liao

excité / ennuyé

pang/shou

gros / mince

di yi/zui hou

premier / dernier

peng you/di ren

ami / ennemi

man/kong

plein / vide

ying/ruan

dur / souple

zhong/qing

lourd / léger

e/ke

faim / soif

sheng bing/jian kang

malade / sain

fei fa/he fa

illégal / légal

cong ming/yu ben

intelligent / stupide

zuo/you

gauche / droite

jin/yuan

proche / loin

xin/jiu

nouveau / usé

mei you/you xie

rien / quelque chose

lao/you

vieux / jeune

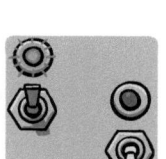

kai/guan

marche / arrêt

da kai/he shang

ouvert / fermé

an jing/chao nao

faible / fort

fu/qiong

riche / pauvre

dui/cuo

correct / incorrect

cu cao/guang hua

rugueux / lisse

shang xin/gao xing

triste / heureux

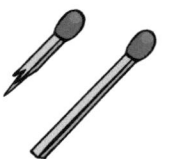

duan/chang

court / long

man/kuai

lent / rapide

shi/gan

mouillé / sec

wen nuan/liang shuang

chaud / froid

zhan zheng/he ping

guerre / paix

0

ling

zéro

1

yi

un / une

2

er

deux

3

san

trois

4

si

quatre

5

wu

cinq

6

liu

six

7

qi

sept

8

ba

huit

9

jiu

neuf

10

shi

dix

11

shi yi

onze

12

shi er

douze

13

shi san

treize

14

shi si

quatorze

15

shi wu

quinze

16

shi liu

seize

17

shi qi

dix-sept

18

shi ba

dix-huit

19

shi jiu

dix-neuf

20

er shi

vingt

100

bai

cent

1.000

qian

mille

1.000.000

bai wan

million

ying yu

anglais

mei shi ying yu

anglais américain

pu tong hua

chinois mandarin

yin di yu

hindi

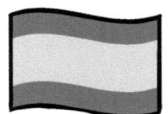

xi ban ya yu

espagnol

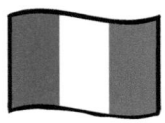

fa yu

français

a la bo yu

arabe

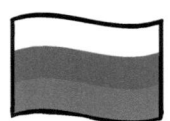

e yu

russe

pu tao ya yu

portugais

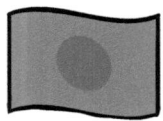

feng jia la yu

bengali

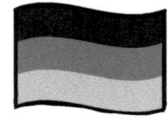

de yu

allemand

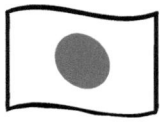

ri yu

japonais

wo

je

ni

tu

ta/ta/ta

il / elle / ce, c', cela

wo men

. nous

ni men

vous

ta men

ils / elles

shei?

Qui ?

shen me?

Quoi ?

zen yang?

Comment ?

na li?

Où ?

shen me shi hou?

Quand ?

ming zi

nom

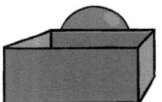

hou mian

derrière

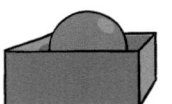

li mian

dans

qian mian

devant

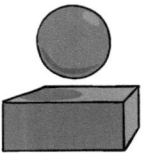

shang fang

au-dessus

shang mian

sur

xia mian

en-dessous

pang bian

à côté de

zhong jian

entre

di dian

lieu

ISBN 978-3-7522-1157-3

BABADADA dictionaries are visual language education: Simple learning takes center stage. In a BABADADA dictionary images and language merge into a unit that is easy to learn and remember. Each book contains over 1000 black-and-white illustrations. The goal is to learn the basics of a language much faster and with more fun than possible with a complicated text dictionary.

This book is based on the very successful online picture dictionary **BABADADA.COM**, which offers easy language entry for countless language combinations - Used by thousands of people and approved by well-known institutions.

Disclaimer

Our visual dictionary (translations, images) is edited and thoroughly checked by BABADADA. Neither BABADADA nor any of its representatives or employees ("together referred to as BABADADA") give any representation or warranty as to the accuracy or completeness of this material, including but not limited to whether it is suitable for any intended use. the information provided is not an advice of any kind and should not be treated as such. BABADADA will not be responsible or liable to anyone for any offense taken or any claims arising from using this book. Any person using this material does so entirely at their own risk. All rights reserved.

Trademarks, utility models and patents are not expressly identified in this publication. From this it may not be concluded that these names are free or may be used freely.

Notice

The translations in this book do not replace a professional translation. For critical translations, such as important correspondence or safety-relevant information, use additional support or a professional translation service.